BEI GRIN MACHT SICH IHR WISSEN BEZAHLT

- Wir veröffentlichen Ihre Hausarbeit, Bachelor- und Masterarbeit

- Ihr eigenes eBook und Buch - weltweit in allen wichtigen Shops

- Verdienen Sie an jedem Verkauf

Jetzt bei www.GRIN.com hochladen und kostenlos publizieren

Bibliografische Information der Deutschen Nationalbibliothek:

Die Deutsche Bibliothek verzeichnet diese Publikation in der Deutschen National-
bibliografie; detaillierte bibliografische Daten sind im Internet über http://dnb.d-
nb.de/ abrufbar.

Impressum:

Copyright © 2017 GRIN Verlag
Druck und Bindung: Books on Demand GmbH, Norderstedt Germany
ISBN: 9783668725348

Dieses Buch bei GRIN:

https://www.grin.com/document/428682

Philipp Niewöhner

Optimierung und Evaluation einer Virtual Reality Software

ware

SkillsLab 2.0

GRIN Verlag

GRIN - Your knowledge has value

Der GRIN Verlag publiziert seit 1998 wissenschaftliche Arbeiten von Studenten, Hochschullehrern und anderen Akademikern als eBook und gedrucktes Buch. Die Verlagswebsite www.grin.com ist die ideale Plattform zur Veröffentlichung von Hausarbeiten, Abschlussarbeiten, wissenschaftlichen Aufsätzen, Dissertationen und Fachbüchern.

Besuchen Sie uns im Internet:

http://www.grin.com/

http://www.facebook.com/grincom

http://www.twitter.com/grin_com

Universität Bielefeld

Medieninformatik u. Gestaltung

Technische Fakultät

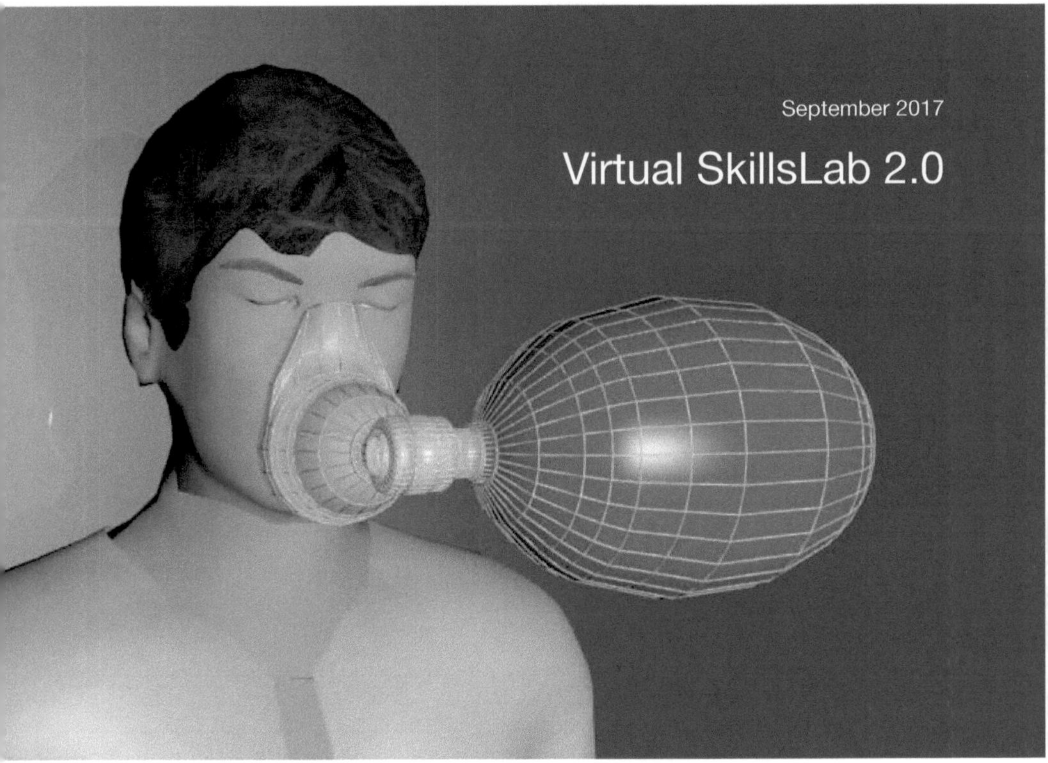

September 2017

Virtual SkillsLab 2.0

Optimierung und Evaluation einer Virtual Reality Lernsoftware

Bachelorarbeit

vorgelegt von

Philipp Niewöhner

Inhaltsverzeichnis

Abkürzungsverzeichnis

Abb.	Abbildung
bspw.	beispielsweise
bzw.	beziehungsweise
engl.	englisch
HMD	Head-Mounted Display
L.V.	Literaturverzeichnis
s.	siehe
S.	Seite
Tab.	Tabelle
UEQ	User Experience Questionaire
usw.	und so weiter
vgl.	vergleiche
z.B.	zum Beispiel
z.T.	zum Teil

Abbildungsverzeichnis

Kapitel 1: Einleitung

1.1 Motivation

Unsere heutige Gesellschaft ist geprägt von ständigen, neuen technischen Innovationen. Dazu zählt auch die Virtual-Reality-Technik, welche immer größere Bekanntheit erlangt und immer häufiger unter verschiedenen Bedingungen herangezogen wird. Im Jahr 2015 betrug die Anzahl der mobilen Virtual-Reality Nutzer weltweit zwei Millionen, die Prognose für 2020 hingegen liegt bei 135 Millionen Nutzern (vgl. Statista [1], 2015). Neben der Unterhaltungsbranche lässt sich diese Technik auch im Bereich der Ausbildung und unterschiedlicher Trainingsprogramme sinnvoll einsetzen. Studien haben gezeigt, dass sich ein positiver Effekt auf den Lernerfolg messen lässt, wenn sich der Lernende virtuell und immersiv in seiner jeweiligen Arbeitsumgebung befindet und mit dieser interagieren kann (vgl. Cyberpsychology & Behavior, 2004). Die heutige 3D-Technik ist in der Lage, verschiedenste Trainingsszenario darzustellen, sie kann aufwendige Lernszenarien kostengünstig ersetzen.[1] Die Möglichkeiten sind schier unbegrenzt, das macht die Forschung zu diesem Thema notwendig und interessant zugleich.

1.2 Grundlage der Arbeit

In Kooperation mit Studenten von der Fachhochschule Bielefeld wurde eine Applikation für die Samsung Gear VR-Brille entwickelt und programmiert. Ziel war es, eine Lernsimulation für die Studierenden des Studienganges Pflegewissenschaften zu erstellen, in der der Ablauf einer Reanimation (s. Glossar) eines Patienten durchlaufen und gelehrt wird. Hierzu findet sich der Anwender in einem virtuellen Krankenhauszimmer wieder, in der verschiedene Gegenstände und Körperteile des Patienten anvisiert und aktiviert/benutzt werden können. Ist der Schritt korrekt in der Reihenfolge, kann die nächste Handlung folgen.[2] Wenn alle notwendigen Schritte gemacht worden sind, ist der Patient gerettet und man erhält eine Gesamtpunktzahl und eine Übersicht über den jeweiligen Verlauf (Ablaufvideo ist im QR-Code auf S. 35 verlinkt).
Zusätzlich wurde eine Nutzerstudie geführt, in der die Zufriedenheit und der Lerneffekt gemessen wurde. Der Fokus lag dabei auf der Nutzerfreundlichkeit der Software, der Glaubwürdigkeit und der persönlichen Meinung gegenüber virtuellem Lernen. Weiter wurden Verbesserungsvorschläge in Interviews mit den Probanden gesammelt. Der derzeitige Stand der Software und die Ergebnisse aus der geführten Studie werden als Grundlage verwendet. Weitere Studien zu diesem Gebiet werden betrachtet und deren Erkenntnisse für ein überarbeitetes Konzept herangezogen.

1: Je nach Anwendungsfall und verwendeter Technik.
2: Für genauere Informationen siehe Anhang: Flowchart, S. 28

1.3 Zielsetzung

In dieser Arbeit soll die ausgehende Software unter verschiedenen Aspekten in Hinblick auf die Lernmotivation der Lernenden optimiert werden. Die bestehende Applikation soll ansprechender gestaltet und hinsichtlich ihrer Nutzbarkeit verbessert werden. Eine eigens geführte Studie soll klären, ob eine gesteigerte Immersion in einer höheren Lernmotivation resultiert, und welche Schlüsse für weitere Projekte dieser Art gezogen werden können.

Abschliessend wird bewertet, ob die Software erfolgreich optimiert werden konnte und inwieweit sich die Virtual-Reality-Technik von herkömmlichen Lernmethoden unterscheidet. Vorteile zugunsten dieser werden ausgearbeitet und vorgestellt, ein Ausblick in die Zukunft des Lernens wird abschliessend gegeben.

1.4 Stand der Forschung

Die Studie „The Effect of Degree of Immersion upon Learning Performance in Virtual Reality Simulations for Medical Education" (vgl. Gutierrez, Fatima et al., 2007) untersuchte den Effekt der Immersion auf den Lernerfolg in einer medizinischen Simulation.[3] Dazu wurden zwei Testgruppen erstellt: eine Gruppe steuerte die Simulation über einen Head-Mounted Display („fully-immersed Group"), die andere über einen Computerbildschirm („partially-immersed Group"). Anhand eines Fragebogens, welchen jede Gruppe vor und nach dem VR-Training in der Simulation beantworten sollte, wurde der jeweilige Lernerfolg erhoben. Anhand eines von Experten erstellten optimalen Durchlaufes wurde die Leistung der Probanden im Between-Subject-Design ermittelt und verglichen. Es stellte sich heraus, das die Fully-Immersed-Gruppe im Durchschnitt eine steilere Lernkurve aufweisen konnte als die Partially-Immersed-Gruppe. Insgesamt profitierten beide Gruppen von dem VR-Training, jedoch wurden mit dem Fully-Immersed System höhere Erfolge gemessen.

N. Taffinder et al. beschäftigten sich mit dem Vergleich und der Bewertung von psychomotorischen Fähigkeiten im Bereich der Laparoskopischen Chirurgie (s. Glossar), mithilfe des MIST VR-Simulators und eines dafür entwickelten Trainingskurses (vgl. Taffinder, N. et al., 1998).[4] Die Probanden wurden anhand ihrer Erfahrung in zwei Gruppen aufgeteilt, in Erfahrene und Auszubildende. Zusätzlich wurde eine Kontrollgruppe erstellt, die aus Nicht-Chirurgen bestand. Verglichen wurde der Fortschritt der einzelnen Gruppen nach mehreren unterschiedlichen Trainingseinheiten. Wichtige Versuchsvariablen waren die Effizienz der Bewegungen, Anzahl der Teilbewegungen, Fehleranzahl und benötigte Zeit. Die Untersuchungen ergaben, dass erfahrene Probanden in Bezug auf die Effizienz der Lösung der Aufgaben, der Anzahl der Teilbewegungen und der benötigten Zeit eher von dem virtuellen Trainingskurs profitierten als die auszubildenden Probanden. Weiter konnte die individuelle Leistung bei der Bewältigung des Trainingskurses genau erfasst und analysiert werden.

3: Szenario war eine Erste-Hilfe-Situation nach einem Autounfall
4: Der Virtual-Reality-Simulator ist für die Laparoskopie optimiert und sammelt Daten über die Leistung des Nutzers. Diese werden als Parameter in der Studie verwendet.

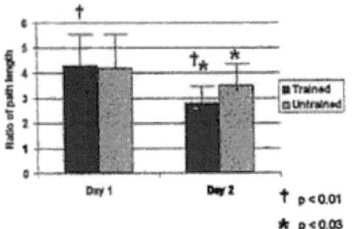

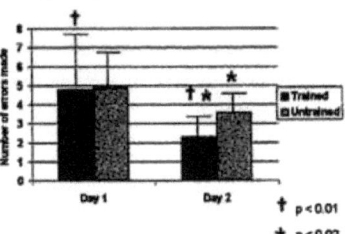

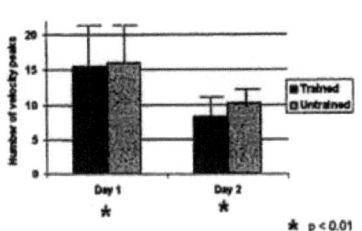

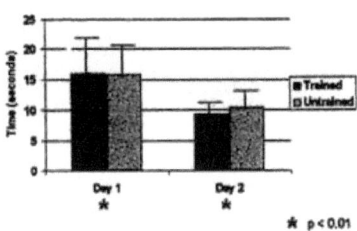

Abb.1: Der Effekt des Trainingskurses auf die Psychomotorischen
Fähigkeiten bewertet nach einer einfachen Mist VR-Aufgabe

Die Studie liefert einen Hinweis auf den Effekt der Immersion auf das Lernen. Probanden, die bereits Erfahrung in der laparoskopischen Chirurgie hatten, konnten sich schneller in das System einfinden und absolvierten den Trainingskurs schneller und effizienter. Gleichzeitig erlaubt die technische Analyse einen umfassenden Einblick in die individuellen Lernerfolge.[5] So kann ein einheitliches Bewertungssystem für die Nutzer geschaffen werden, wo gezielt individuelle Schwächen gefunden und trainiert werden können. Dies bestätigt das Potenzial von virtuellen Lernumgebungen im Hinblick auf eine kontinuierliche Leistungserfassung und -verbesserung der Nutzer und deren Performance.

Fabrizia Mantovani hat das Potenzial und die Herausforderungen von dreidimensionalen Umgebungen im Bereich der Bildung untersucht und zusammengefasst. So können virtuelle Umgebungen das aktive Lernen und Entdecken des Nutzers unterstützen, indem sie ihm erlauben, mit der Virtuellen Welt zu interagieren und diese zu verändern. Dafür ist eine enge Kooperation zwischen Programmierern, Medizinern und Erziehern, sowie den Lernenden selbst im Entwicklungsprozess vonnöten.[6] Mithilfe eines iterativen Designprozesses soll sichergestellt werden, dass virtuelle Um-

5: Die Daten werden von dem Mist VR Simulator gesammelt und ausgewertet.
6: Bezogen auf die Entwiclung einer medizinischen SImulation

gebungen fortlaufend, im Hinblick auf den Lernerfolg, das volle Potenzial der Technik ausschöpfen können.

Ein Vorteil stellt das konstruktive Lernen in 3D-Umgebungen dar. Speziell in der Virtuellen Realität kann der Lernende, wie im realen Leben auch, aus der Ego-Perspektive mit seiner Umwelt interagieren. So macht er eigene Erfahrungen, anstatt sie aus einem Lehrbuch zu kopieren (vgl. Towards Cyberpsychologie, 1998).

1.5 Aufbau des Hauptteils

Die Erkenntnisse des aktuellen Forschungsstandes werden zusammengefasst und für die Simulation aufbereitet. Die geführte Nutzerstudie wird ausgewertet und ein überarbeitetes Konzept vorgestellt. Notwendige Änderungen an der Software werden zusammengefasst und implementiert. Um den Lerneffekt der überarbeiteten Simulation zu messen wird eine zweite Nutzerstudie methodisch erstellt und durchgeführt. Es ist zu empfehlen, sich über den auf Seite 35 befindlichen QR-Code ein Vorschauvideo der bereits erstellten Version des SkillsLabs anzuschauen, bevor mit dem Hauptteil fortgefahren wird.

Kapitel 2: Auswertung der ersten Nutzerstudie

Die Studien haben gezeigt, dass die Immersion ein essentieller Bestandteil und Vorteil heutiger VR-Systeme darstellt. Sie kann unter den richtigen Bedingungen den Lerneffekt und die Motivation in Virtual-Reality-Simulationen erheblich verstärken. Doch bevor wir wichtige Bestandteile der Immersion betrachten, werten wir die erste Nutzerstudie aus, die bereits geführt wurde.

2.1 Auswertung des Fragebogens

In der Nutzerstudie ging es hauptsächlich um die Bedienbarkeit, die Nutzerfreundlichkeit, die Nutzbarkeit auch für erfahrene Nutzer, die Bewertung der Darstellung und um die Wiederverwendbarkeit. Mithilfe einer Likert Skala bestehend aus 4 Werten von „Trifft voll zu" bis „Trifft nicht zu" wurden die Daten erhoben, insgesamt haben 14 Probanden (Studierende der Pflegewissenschaften) teilgenommen. Im Schnitt erzielte die Software gute bis sehr gute Ergebnisse.[7] Dies führt zu einer notwendigen Sensibilisierung für die Problemfindung. Im Folgenden werden bestimmte Fragen aus der Studie analysiert und mit den geführten Interviews und deren Erkenntnissen in Beziehung gesetzt. Es wird kurz auf die bisherigen relevanten Implementierungen eingegangen, um Ergebnisse aus den Fragen zu erklären. In den folgenden Tabellen sind die Anzahlen der entsprechenden Antworten zu entnehmen.

Beginnend die Fragen, die vorwiegend positives Feedback erhalten haben:

Frage	Trifft voll zu	Trifft eher zu	Trifft eher nicht zu	Trifft nicht zu
Die Simulation ist einfach zu bedienen	6	7	1	0
Die Maßnahmen in der Simulation sind verständlich beschrieben	5	8	1	0
Es wird deutlich, ob eine Aktion korrekt ausgeführt wurde oder nicht	11	3	0	0
Die Simulation bietet verschiede Auswahlmöglichkeiten der Durchführung	8	4	2	0

Tab. 1: Fragen mit überdurchschnittlichen Antworten

Die Simulation wird lediglich durch Schwenken des Kopfes und Drücken des seitlich an der GearVR befindlichen Touchpad-Buttons gesteuert. Während des Trainings werden Objekte anvisiert, mithilfe des Buttons ausgewählt und anschliessend durch Wählen eines der möglichen Aktionen

---

7: Hierfür wurden die Durchschnitte verglichen. Hier liegt der Durchschnitt der Antworten zwischen 3 und 4, hierbei bedeutet 3 „Trifft eher zu" bzw. die zweitbeste Antwort, 4 „Trifft voll zu" bzw. die beste Antwort

aktiviert. Zwar mussten die Probanden kurz in die Steuerung von den Versuchsleitern eingewiesen werden, doch die Einfachheit bestätigt sich im Fragebogen durch positives Feedback seitens der Probanden.

Die Maßnahmen der Simulation sind nach Ansicht der Probanden vorwiegend verständlich beschrieben. Aktionen sind kurz und prägnant benannt, die Eindeutigkeit bezüglich der Objekte und deren Funktionen helfen dem Nutzer während des Trainingsablaufes den Überblick zu behalten. Weiter wird deutlich, ob eine Aktion korrekt ausgeführt wurde oder nicht. Falls eine Aktion nicht dem korrekten Verlaufsplan entspricht, erscheint ein entsprechender Hinweis. Durch farbliche Markierung der Hinweistexte wird hervorgehoben, ob eine Aktion richtig (grün), falsch (rot), oder gänzlich unwichtig für das gesamte Vorhaben (lila) ist.

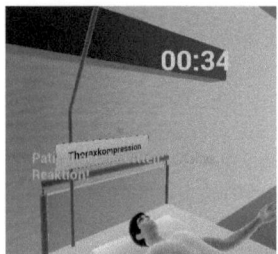 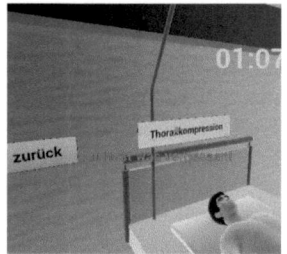 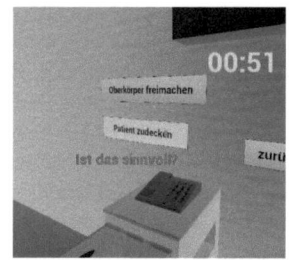

Abb. 2: links korrekte Aktion, Mitte falsche Aktion, rechts für das Szenario unbrauchbare Aktion

Der überwiegende Teil der Probanden war der Meinung, dass es verschiedene Auswahlmöglichkeiten der Durchführung gibt. Während der Entwicklung wurde diskutiert, an welcher Stelle der Nutzer Freiheiten bezüglich der Wahl seiner Aktionen haben soll. Die jeweiligen Entscheidungsweichen sind in einer Flowchart (s. Anhang) festgehalten. Während die ersten sechs Schritte keine Entscheidungsmöglichkeiten erlauben, sind die nächsten vier Schritte in ihrer Reihenfolge variabel. Die Aktion „Handschuhe anziehen" ist dabei optional und während des gesamten Trainings möglich. Folgende Fragen haben unterdurchschnittliche Antworten erhalten:[8]

Frage	Trifft voll zu	Trifft eher zu	Trifft eher nicht zu	Trifft nicht zu
Die Simulation eignet sich sowohl für in Reanimationssituationen unerfahrene als auch erfahrene Nutzer	4	5	4	1
Das erfolgreiche Durchführen der Simulation ist ohne fremde Hilfe möglich	5	4	5	0

Tab. 2: Fragen mit unterdurchschnittlichen Antworten

8: Hier liegt der Durchschnitt der Antworten zwischen 1 und 2, hierbei bedeutet 2 „Trifft eher nicht zu" bzw. die zweitschlechteste Antwort, 1 „Trifft nicht zu" bzw. die schlechteste Antwort

Sie geben alle einen Hinweis auf Schwächen hinsichtlich der Usability der Software, dies ist unter anderem auf eine mangelnde Hilfestellung seitens des Programms zurückzuführen. Die Steuerung wurde wie bereits erwähnt zu Beginn der Studie von den Versuchsleitern erklärt, die Simulation beginnt ohne jegliche Hinweise oder Instruktionen (siehe Anhang, QR-Code 1, S.35). Aus einem der geführten Interviews geht hervor, dass Hilfen oder Erklärungen in bestimmten Spielsituationen wünschenswert sind. Weiter wird das beständige Aktionsmenü an der Wand als störend empfunden, da man nach Anwählen eines Aktionsobjektes umständlich den Kopf schwenken muss, um die dargestellten Aktionen gedanklich mit den entsprechenden Objekten zu verknüpfen („Und dann nicht erst Reawagen, Kopf drehen, gucken, ok welche Auswahlmöglichkeiten hab ich", vgl. Anhang S. 32). Dies entspricht nicht dem natürlichen Bewegungsablauf, ein Defizit in der Immersion ist zu vermerken. Später wird seitens des Probanden ein Verbesserungsvorschlag geäussert: „Genau, oder ein Display, dass wenn ich irgendwas anklicke das direkt da drüber ist".

Die Antworten der Frage „Die Simulation eignet sich sowohl für in Reanimationssituationen unerfahrene als auch erfahrene Nutzer" bestätigt dieses Problem insofern, dass die Menüführung in Bezug auf einer realistischen Interaktion mit der medizinischen Umgebung im Wege steht. So müssen erfahrene Nutzer ihren gelernten Handlungsablauf auf die in der Simulation gestellten Möglichkeiten und Aktionen anpassen oder gar reduzieren. Um einen optimalen Immersionsgrad zu erzielen, müsste gänzlich auf Menüs verzichtet werden. Damit Aktionen in diesem Falle korrekt ausgeführt werden können, bräuchte man wiederum höher-immersive Systeme, die z.B. das Greifen und Manipulieren von virtuellen Objekten ermöglichen.

Das Ziel war, unerfahrenen Auszubildenden eine Möglichkeit zu bieten, auch ohne aufwendig installierte Trainingsszenarien, den standardisierten Ablauf einer Reanimation zu erlernen.[9] Um jedoch die Einsatzmöglichkeiten der Software in Zukunft möglichst umfangreich zu gestalten, empfiehlt es sich, auch erfahrene Nutzer als Zielgruppe zu berücksichtigen. Dies vermerken wir uns für die später neu geführte Studie.

Folgende Frage wurde ebenfalls recht positiv bewertet, da diese aber nicht direkt auf die Usability der Software abzielt, soll sie gesondert betrachtet werden.

Frage	Trifft voll zu	Trifft eher zu	Trifft eher nicht zu	Trifft nicht zu
Ich würde in Zukunft die Simulation zum Lernen nutzen, wenn sie mir kostenlos zur Verfügung stehen würde	9	3	1	1

Tab. 2: Frage zur Nutzung der Simulation

Aktuell sind umfangreiche virtuelle Simulatoren kostspielig. Head-Mounted Displays sind mittlerweile im Massenmarkt angekommen und die Verkaufszahlen steigen stetig (vgl. Statista [2], 2017). Die immer größere Beachtung, speziell in der Spieleindustrie, führt zu einer konsequenten Weiter-

---

9: Mit „aufwendig installierte Trainingsszenarien" sind stationäre und teure Simulatoren gemeint. Hierbei wird davon ausgegangen, dass sich der Ablauf einer Reanimation auch mit weniger immersiven Systemen ausreichend lehren lässt.

entwicklung der Technologie. Der Wettbewerb mit konkurrierenden Herstellern, wie zum Beispiel der Oculus Rift, sorgt für verschiedene Produkte in unterschiedlichen Preisklassen. So kostet die aktuelle Version der Samsung Gear VR rund 130 Euro, während die Oculus Rift für circa 590 Euro zu haben ist.[10] Höher immersive Systeme lassen den Nutzer noch tiefer ins Geschehen eintauchen, doch liegt der Preis oftmals bei mehreren Tausend Euro. Aus der Nutzerstudie geht hervor, dass insgesamt 12 von 14 Probanden zu einer zukünftigen Nutzung der Simulation tendieren, falls diese kostenlos zur Verfügung stehe. Daraus lässt sich schliessen, dass die erforderliche Technik im Allgemeinen für den durchschnittlichen Nutzer im privaten Gebrauch preislich unattraktiv ist. Denkbar ist hingegen die Nutzung oder der Verleih der entsprechenden Geräte in Bildungseinrichtungen. Durch ihre Mobilität sind sie flexibel und standortunabhängig einsetzbar, sie haben aber auch Nachteile gegenüber stationären, höher-immersiven Simulatoren. So ist der sog. Degree of Freedom weniger umfangreich. Dieser gibt an, mit wie vielen Parametern ich das System als Nutzer beeinflussen kann. Wie im Abschnitt oben bereits erwähnt, ist die Verwendung eines jeglichen Textmenüs streng genommen nicht immersiv. Da der Fokus der Simulation auf dem Erlernen des grundlegenden theoretischen Ablaufes einer Reanimation liegt, wurde auf höher-immersive Systeme verzichtet. Einher geht also ein Kompromiss aus der Flexibilität der Technik und dem zu erreichenden Immersionsgrad.[11] In Abb. 3 sieht man gleichzeitig Vor- und Nachteil beider Varianten.

 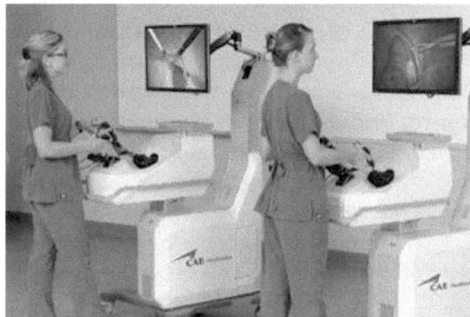

Abb. 3: links die Verwendung der GearVR auf Events, rechts der stationäre CAE LapVR Simulator

2.2 Auswertung der Interviews

Zusätzlich zu dem Fragebogen wurden Interviews mit den Probanden geführt, die weitere Schwächen der Simulation aufdecken sollten. Die Vorschläge sind geordnet in der unten stehenden Liste aufgeführt. Die vollständigen Interviews sind dem Anhang S.x-x zu entnehmen.

10: Preise sind gerundet. Stand: 20.9.2017.
11: Mit „Flexibilität der Technik" ist der mobile Einsatz des Systems gemeint.

Optik der 3D Modelle

- Patient liegt unnatürlich auf dem Bett, Arme sind nach oben ausgestreckt
- Reanimationswagen (s. Glossar) sieht etwas unnatürlich aus
- Thoraxmassage (s. Glossar) mit Händeanimation
- detailgetreuerer Raum, jedoch keine unnötigen Details
- Schwester soll in Richtung Bett schauen

Interaktions- und Interfacevorschläge

- Notruf soll entweder vor „Atemwege freimachen" oder nach „Atmung überprüfen" möglich sein
- Atemwege freimachen mit Überstreckung des Kopfes in Beziehung setzen
- AED (s. Glossar) soll verwendbar sein
- es soll wiedererkennbar sein, ob man Handschuhe angezogen hat oder nicht
- Bettstellung soll anpassbar sein
- AED und Ambubeutel (siehe Glossar) auf den Reanimationswagen legen, direkt anklickbar
- Menüs sollen besser positioniert werden

Vorschläge bezüglich des Tons

Zwar haben viele Probanden in den Interviews erwähnt, das sie sich mehr Ton wünschen, doch konkrete Vorschläge gab es wenige. So sind größtenteils eigene Ideen entstanden:

- Geräusche für AED, Ambubeutel, Reanimationsbrett
- eine Art Puls-Geräusch, welches sich je nach Zustand des Patienten ändert
- Kommentare von der Krankenschwester, oder von einem selbst (bei „Patient ansprechen")
- Töne zu Beginn und Ende der Simulation zur Verdeutlichung des Spielzustandes
- Ton beim anziehen der Handschuhe und ausziehen des Patienten
- Signaltöne beim Verwenden des Telefons

Kapitel 3: Implementierungen an der Software

Die Nutzerstudie und die Interviews mit den Probanden haben eine Reihe an sinnvollen Verbesse-rungsvorschlägen hervorgebracht. Unter der Annahme, dass die Immersion einen positiven Effekt auf die Lernmotivation hat, soll diese gezielt gesteigert werden. Das verwendete GearVR-System kann lediglich zwei menschliche Sinne gleichzeitig stimulieren, das Sehen und das Hören. Daher wird im folgenden auf diese Punkte und die Änderungen an der Usability eingegangen und die an-schliessenden Änderungen begründet und beschrieben.

3.1 Zur Optik:

Sämtliche 3D-Objekte wurden in Open-Source-3d Software Blender Version 2.78 modelliert und anschliessend in die Unreal Engine 4 Version 4.17 mittels des FBX-Formates exportiert.
Um die Simulation realitätsnaher und damit immersiver zu gestalten, wurde eine Überarbeitung der vorhandenen 3D-Modelle vorgenommen. Dabei wurde an einem echten Krankenhauszimmer orientiert, in diesem findet man meist zwei Krankenbetten mit jew. einem Beistellschrank, ein Tisch mit Sitzgelegenheiten, einen Kleiderschrank und einen Fernseher sowie eine Steckerleiste, die für die medizinische Versorgung der Patienten wichtig ist. Auf kleinere und unwichtige Details wurde verzichtet.

Die Geometrie der 3D-Objekte wurde nahezu komplett neu erstellt. Detailreichere Texturen und Schattem wurden verwendet.[12] Ein aufwendigeres Objekt besteht aus mehr Polygonen, für die Dar-stellung wird eine höhere Rechenleistung benötigt.[13] Man muss folglich ein Kompromiss zwischen Optik und benötigter Leistung eingehen, wenn die optimale Performance auf Mobilen Geräten er-reicht werden soll. Da die Rechenleistung auf diesen beschränkt ist, muss man im Hinblick auf die Immersion darauf achten, dass eine flüssige Bildwiederholrate während der Simulation erreicht wird (vgl. Doug A. Bowman, 2007). Dazu wurde möglichst mit Low-Polygon Modellen gearbeitet, bzw. bestimmten Prozeduren, um die Polygonanzahl zu reduzieren, wie z.B. den Decimate-Modifier.

Probleme gab es bei der Belichtung. Eine effiziente Methode ist hierbei das sog. „Baking", dazu werden Lichtreflexionen und Schatten mithilfe der in der Szene befindlichen Lichtquellen auf die Texturen der in der Szene befindlichen Objekte „gebacken", die resultierende Textur kann so ver-wendet werden, dass keine Echtzeit-Lichtberechnung stattfinden muss. Dies erspart erhebliche Hardware-Ressourcen (vgl. Unreal Engine 4 Dokumentation, 2017). Die Prozedur wurde im Cycles Render von Blender vollzogen, doch die resultierenden Texturen wurden trotz verschiedener Ein-stellungen nicht ausreichend auflösend gebacken. Folglich wurde das automatisierte Lightbaking in der Unreal Engine 4 verwendet.

12: für eine realistischere Textur werden sog. Normal-, Ambient Occlusion- und Specularmaps verwendet, die für Lichtreflexionen sorgen und der Textur „Tiefe" verleihen.
13: Je höher die beim modellieren verwendete Flächen- und Vertexanzahl, desto aufwendiger das resultierende 3D-Objekt. Entsprechend steigt die benötigte Berechnungszeit.

Unten sind die Krankenhauszimmer der jeweiligen Versionen zu sehen:

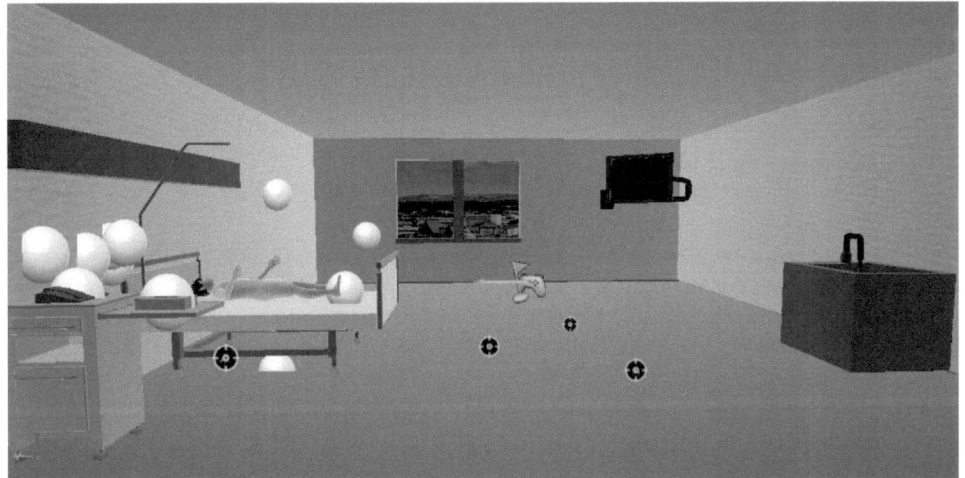

Abb. 4: SkillsLab Version 1, Zimmeransicht

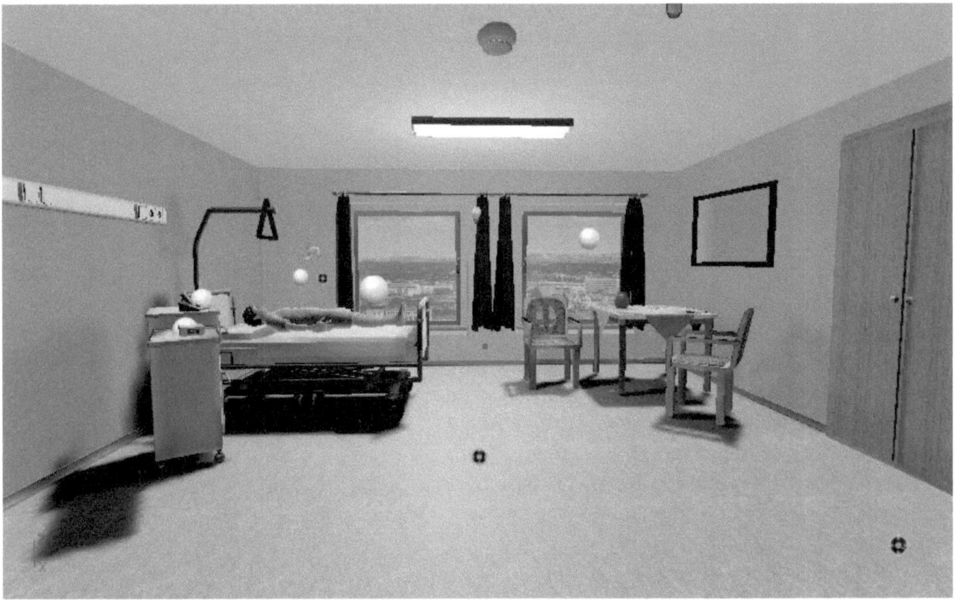

Abb. 5: SkillsLab Version 2, Zimmeransicht

3.2 Zur Usability:

Die Aktionsmenüs der verwendbaren Objekte wurden nach den Wünschen der Nutzer und nach bestimmten Kriterien der Usability überarbeitet. Hierbei wurden die drei Parameter von Fitt's Law (vgl. Interaction-Design.org, 2017) berücksichtigt:

      1. Die Zeit, die benötigt wird um das Ziel zu erreichen
      2. Die Distanz vom Startpunkt bis zum Zielmittelpunkt
      3. Die Breite des Ziels

So erscheint nun jedes Menü in unmittelbarer Nähe zum entsprechenden Objekt. Ausserdem wurde die Anordnung der Menüpunkte optimiert, sodass der Weg zwischen den Menüeinträgen möglichst kurz ist, falls der Nutzer sich bezüglich seiner Wahl umentscheidet. In Abb. 6 kann man erkennen, wie weit die Menüpunkte links des „zurück"-Buttons vom Objektursprung entfernt sind. Im Falle des Reanimationswagens kommt dieses Problem besonders zum Tragen, da man den Kopf um 180 Grad schwenken muss, um das entsprechende Aktionsmenü an der Wand zu lokalisieren.

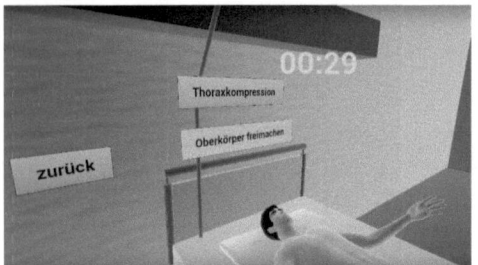 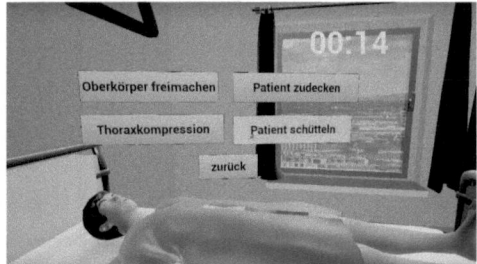

Abb 6: links Menüansicht Version 1. Die restliche Hälfte des Menüs ist links ausserhalb des Bildrandes, Oberkörper ausgewählt. Rechts Menüansicht Version 2

Gleichzeitig werden Objekte, die angewählt sind, solange in rot markiert, bis eine Aktion ausgeführt oder das Menü geschlossen wurde. Dies sorgt für eine gedankliche Unterstützung des Nutzers, da er sich nicht mehr merken muss, welches Objekt er gerade ausgewählt hat.
Um den Nutzer den Einstieg in das gegebene Szenario zu vereinfachen, wird zu Beginn des Trainings ein Hilfetext eingeblendet, der erklärt, worum es geht und wie man die Simulation steuert (s. Abb. 7). Sobald man den Start-Button unterhalb des Textfeldes auswählt, startet die Simulation und die Uhr tickt los. Nach wie vor kann man über den Restart-Button neben dem Schrank das derzeitige Level neustarten.[14] In diesem Fall geht der Timer zurück auf den Startwert, und der Hilfetext wird eingeblendet.

14: Den Schrank gibt es nur in Version 2. Die Position des Buttons ist gleich geblieben.

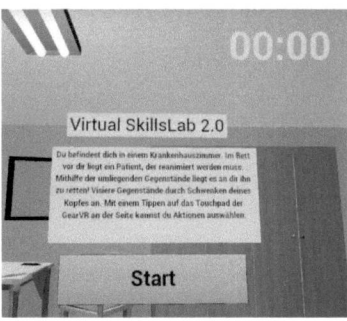

Abb. 7: Hinweistext zu Beginn des Trainings in Version 2

3.3 Zum Ton:

Auditive Reize sind ebenfalls Teil einer immersiven Lernumgebung (vgl. Emely Brown, Paul Cairns, 2004). In den geführten Interviews wurde deutlich, wie wichtig Toneffekte für die Lernenden ist, wenn es um die realitätsnahe und korrekte Darstellung der Wirklichkeit geht. Um den Effekt des multisensorischen Lernens auszunutzen (vgl. Ladan Shams, Aaron R. Seitz, 2008), wurden verschiedene Toneffekte zu bestimmten Aktionen implementiert. So gibt es nun zu folgenden Aktionen einen entsprechenden Ton zu hören:

- Handschuhe anziehen: gummiartiger Ton
- Notruf Stationsintern: Kurzes Piepen
- Reanimationsbrett unterlegen: Wisch-Ton
- Oberkörper Freimachen: Ton für Kleidung ausziehen
- AED anbringen: Schockauf- und entladung
- Thoraxkompression: Druckgeräusche auf der Haut (3x)
- Beatmen mit dem Ambubeutel: Durchatmen
- wenn alle Maßnahmen abgeschlossen sind: ein Jubelgeräusch

Folgende Toneffekte wurden aus dem VirtualSkillsLab Version 1 wiederverwendet:

- Hintergrundgeräusche: leises Gerede
- Timer: Uhr-ticken für die verbrauchten Sekunden
- Menüauswahl: kurzes Klicken zur auditiven Bestätigung

Kapitel 4: Die 2. Nutzerstudie

4.1: Der Fragebogen

Um die zwei Softwareversionen im Hinblick auf ihre Usability und ihr Lernmotivation zu vergleichen, wurde der sog. User Experience Questionaire (vgl. UEQ, 2017) verwendet. Dieser erlaubt eine schnelle und zuverlässige Analyse der User Experience von interaktiven Softwarelösungen. Hauptparameter bildet hierbei die allgemeine Attraktivität, sprich: „Mag der Nutzer mein Produkt, oder nicht?". Dafür werden die Parameter Effizienz, Verständlichkeit (engl. Perspicuity) und Zuverlässigkeit (engl. Dependability) verwendet. Um die Usability zu bewerten, werden die Originalität (anders: Neuheit) und die Stimulation als Parameter herangezogen. Grundlage bilden 26 meinungsspezifische Abfragen, ausgewertet mithilfe einer Likert Skala mit sieben Antwortmöglichkeiten. Eine typische Abfrage hat die folgende Form:

kompliziert   o o o o o o o   einfach

Die 26 Abfragen sind auf die insgesamt sechs Parameter (s. Abb. 8) aufgeteilt. Für den vollständigen Fragebogen s. Anhang. Im folgenden Schema soll die Auswertung des UEQ illustriert werden:

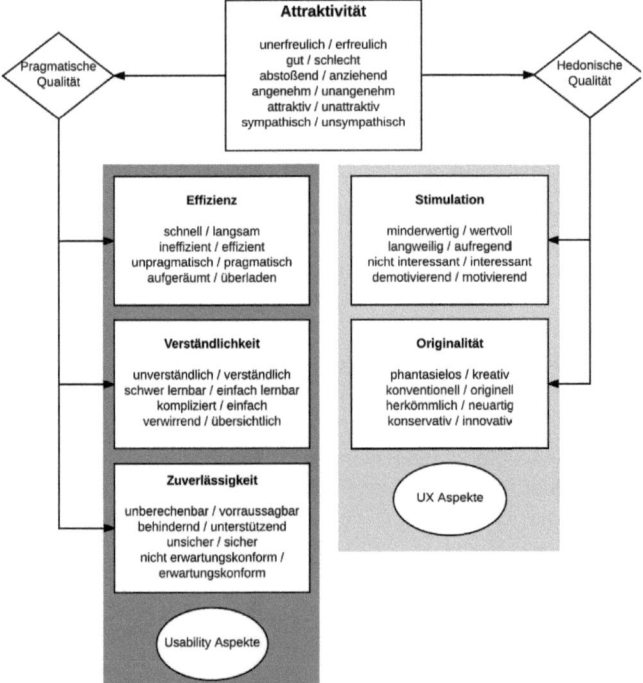

Abb. 8 : Schema des UEQ, aufgeteilt nach den Oberkriterien und deren Parameter

Die Pragmatischen Qualitätsmerkmale werden als „goal-directed", Hedonische als „not-goal-directed" bezeichnet. Um die Lernmotivation und Wiederverwendbarkeit zu erheben, wurden dem Fragebogen weitere Fragen angehängt:

> *Spiegelt die Simulation die Realität gut wieder?*
> *Ich kann mir vorstellen, das mir das Üben mit dieser Simulation Sicherheit für*
> *Reanimationsübungen in der Praxis geben kann.*
> *Das erfolgreiche Durchführen der Simulation ist ohne fremde Hilfe möglich.*
> *Die Simulation motiviert zum Lernen eines Reanimationsvorganges.*

Diese wurden z.T. aus der ersten Nutzerstudie übernommen. Mit ihrer Hilfe soll ein Eindruck von der Lernmotivation der Nutzer erhalten werden. Bewertet wurde hier mithilfe einer Fünf-Schritt Likert-Skala, es wurde bewusst darauf wert gelegt, dass sich der Nutzer hinsichtlich seiner Meinung enthalten kann. Die vier Fragen sind zusammen mit den 26 Abfragen des UEQ für jede Simulationsversion getrennt auszufüllen. Um die überarbeitete 3D-Szenerie zu validieren, wird gezielt danach gefragt, ob die Simulation die Realität gut (bzw. besser) wiederspiegelt. Weil die Frage „das erfolgreiche Durchführen der Simulation ist ohne fremde Hilfe möglich" aus der ersten Nutzerstudie unterdurchschnittliche Ergebnisse lieferte (s. S. 11), sollen diese neu und vergleichbar erhoben werden. Am Ende des Fragebogens wird einmalig folgende Frage beantwortet:

> *Ich kann mir vorstellen in Zukunft weitere VR-Apps zum Lernen zu nutzen.*

Diese soll zusätzlich erheben, wieweit die Sympathie zugunsten der Virtual-Reality-Technik seitens der Lernenden im Allgemeinen fortgeschritten ist. Auch bildet sie eine Grundlage für eine abschliessende Diskussion zur Verbindung von Technik und Lernen.

4.2 Auswahl der Zielgruppe

Getestet wurden diesmal neben Studierenden des Studienganges Pflegewissenschaften der Fachhochschule Bielefeld auch Freunde und Bekannte, die in ihrem Beruf mit der Reanimation konfrontiert werden. Die ursprüngliche Zielgruppe des SkillsLabs Version 1 soll erweitert werden um zu erheben, ob die SkillsLab Version 2 auch diese Berufsausbildungen unterstützen kann. Die insgesamt acht Probanden setzen sich anhand ihrer Berufsfelder folgendermaßen zusammen:[15]

- vier Studierende der Pflegewissenschaften der FH Bielefeld
- drei Auszubildende im Bereich Gesundheits- und Krankenpflege
- ein Auszubildender als Rettungssanitäter

4.3 Ablauf der Studie

15: die acht Probanden sind aufgeteilt in 6 weibliche und 2 männliche Personen.

Zu Beginn werden die Probanden begrüßt und in das Thema eingeführt. Eine kurze Eklärung der Intention und des Ablaufes der Studie folgen. Die verwendete GearVR wird präsentiert und die Nutzer mit ihren Funktionen vertraut gemacht. Die Studie besteht aus zwei Testdurchläufen. Im ersten Durchlauf wird eine zufällig gewählte Version der Simulation in der GearVR vorgeführt. Dies verhindert Tendenzen in der Bewertung, da der Proband nicht das Gefühl vermittelt bekommt, erst die „schlechtere" Version zu testen. Im Anschluss wird der erste Teil des UEQ-Fragebogens ausgefüllt.

Im zweiten Durchlauf spielt der Proband nun die jeweils andere Simulationsversion durch, danach wird die zweite Hälfte des Fragebogens ausgefüllt, diesmal jedoch mit der eben genannten Schlussfrage. Nachdem die Probanden beide Fragebögen ausgefüllt hatten, wurden Kurzgespräche mit ihnen geführt, in der sie die Möglichkeit erhielten, ihre Gedanken und Anmerkungen bezüglich der Simulation preiszugeben.

Aufgefallen war infolge mehrerer Interviews, dass der Ablaufplan, der als Grundlage für die Simulation herangezogen wurde (s. Anhang), nicht als allgemein gültig angesehen werden kann, da Probanden geäussert hatten, sie hätten den Ablauf anders erlernt als in diesem Szenario vorgegeben. Als Beispiel ist der AED zu nennen, der in der Simulation von dem Spieler (genauer: Krankenschwester) selbst angebracht wird, doch in dem gelernten Ablauf des Probanden nur das beordete Reanimationsteam oder ein authorisierter Arzt dazu befugt ist, die Elektroden an den Patienten anzuschliessen und zu benutzen. Je nach Station/Krankenhaus kann also der vorgegebene Ablauf variieren. Doch diese Tatsache ist im Sinne der Trainissimulation zu vernachlässigen, schliesslich soll der Nutzer lernen, zu welchem Zeitpunkt der AED benutzt werden soll. Welche Person letztendlich das Gerät verwendet, ist zweitrangig.

Ein Proband macht eine Ausbildung zum Rettungssanitäter, nach eigenen Angaben hat er an mehreren Reanimationen „auf der Straße" teilgenommen.[16] Für ihn war die Situation in einem Krankenhaus fremd. Ein Reanimationsbrett brauch er zum Beispiel nicht, er würde den Umständen entsprechend anders handeln. Auch ist es vorgekommen, das die Optimierungen, speziell im Bereich der Optik und der Geräusche, garnicht erst wahrgenommen wurden, da der Fokus auf dem Einfinden in die Situation und auf die Rettung des Patienten lag. So konnte nicht eindeutig zwischen einer Ausgangsversion und einer verbesserten Version unterschieden werden. In der Auswertung der Studie werden wir sehen, ob die Optimierungen in Bezug auf die verschiedenen Paramater dennoch ihren Effekt erzielen können.

16: *Gemeint sind notwendige Reanimationen, die nicht in einem Krankenhaus stattfinden, sondern infolge eines Verkehrsunfalles etc. auf der Straße.*

4.4 Die Ergebnisse der Studie

Der UEQ wertet die eingegeben Daten automatisch aus und stellt sie in Form von Balkendiagrammen dar. Im Abschnitt 4.1 wurde bereits auf die verschiedenen Kriterien mit ihren Parametern eingegangen. Die Bewertungen werden für die Auswertung in das Schema -3 für die schlechteste und +3 für die beste Bewertung umgerechnet. Der daraus enstehende Durchschnitt ist in der unten stehenden Grafik, getrennt für jede Version, einzusehen. Zusätzlich können die genauen Umfrageergebnisse und deren Durchschnitte, für jede Abfrage im Fragebogen ermittelt werden. Diese werden verwendet, um beurteilen zu können, ob eine Veränderung ihren gewünschten Effekt erzielen konnte oder nicht.

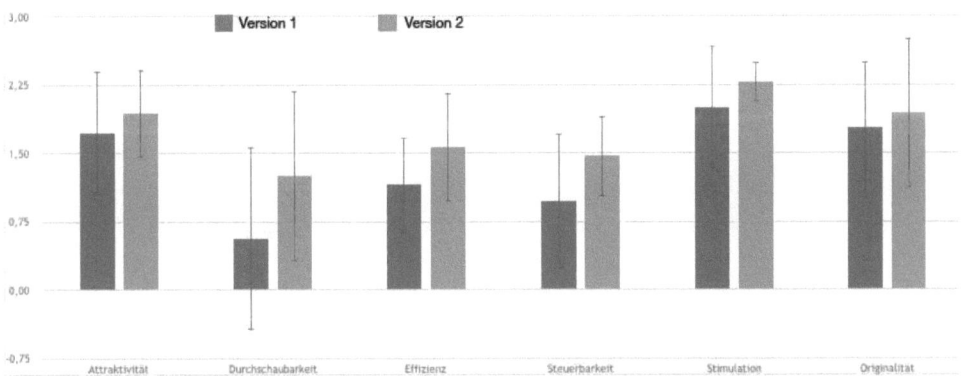

Abb. X: Vergleich der Durchschnittswerte für die angegebenen Parameter jew. für Version 1 und 2.

Vorab positiv auffallend ist die Tatsache, dass in jedem Kriterium eine Verbesserung erzielt werden konnte. Im Folgenden werden die jeweiligen Durchschnittswerte aus den einzelnen Fragen und Kategorien verwendet. Am größten sind die Unterschiede im Bereich Durchschaubarkeit und Steuerbarkeit.[17] Der Punkt „unverständlich/verständlich" zeigt eine große Differenz zwischen beiden Versionen. So liegt die Durchschnittsbewertung bei Version 1 bei 0,6, bei Version 2 hingegen bei 1,3. Auch bei dem Punkt „leicht zu lernen/schwer zu lernen" gibt es einen Anstieg von durchschn. 1,4 (Version 1) auf 2,4 (Version 2), in „übersichtlich/verwirrend liegt er bei 0,1 zu 0,8. Der implementierte Hilfetext zu Beginn des Trainings leitet den Nutzer besser in das Geschehen ein, er erfährt worum es geht und was zu tun ist. Auch hilft das überarbeitete Menü dem Nutzer bei dem Verständnis und der Steuerung durch die Simulation.

Ebenfalls ist die Effizienz gestiegen. Version 2 wird dabei als pragmatischer empfunden als der Vorgänger (0,1 zu 0,9 in der Kategorie „unpragmatisch/pragmatisch"). Die Effizienzbewertung ist ebenfalls von 1,5 auf 2,0 angestiegen. Die verkürzten Wege während der Menüführung geben dem Nutzer das Gefühl, schneller und gezielter durch das Training zu navigieren.

17: Nach Differenz geordnet.

In den Kategorien Attraktivität, Stimulation und Originalität konnten hingegen keine signifikanten Differenzen festgestellt werden. Unter Stimulation ist lediglich zu vermerken, dass die neue Version als wertvoller angesehen wird als die erste. So steigt der Durchschnittswert von 1,6 auf 2,8. Auch ist hier die Varianz der Werte deutlich geschrumpft. Die neue Version wird zusätzlich als kreativer angesehen (1,6 zu 2,1). Die verbesserte Optik gepaart mit den neu hinzugefügten Geräuschen, scheinen keinen signifikanten Einfluss auf die Bewertungen im Bereich Attraktivität und Stimulation zu haben. Wie im Abschnitt 4.3 beschrieben, ist manchen Probanden nicht bewusst geworden, dass sich an der Optik der Umgebung einiges geändert hat. Dies gibt eine Tendenz darauf, dass die Optik eine untergeordnete Rolle spielt, wenn von einer virtuellen Lernumgebung die Rede ist. Die Probanden haben sich während der Studie voll und ganz auf den Ablauf der Teilschritte und das Retten des Patienten konzentriert, wie genau der Raum eingerichtet ist, ist an dieser Stelle nicht wichtig.

Nun sollen die Versionen hinsichtlich ihrer Hedonischen und Pragmatischen Qualität verglichen werden:

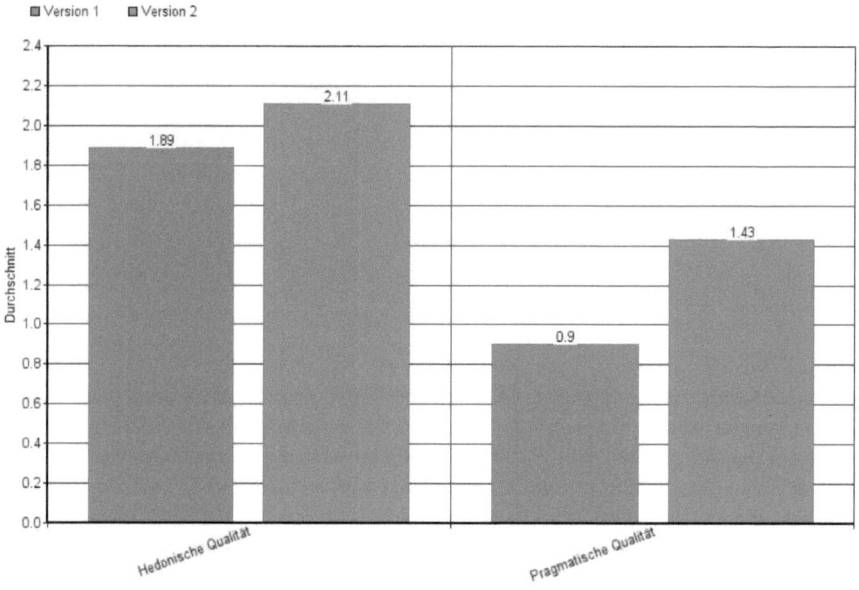

Abb. X: Hedonische und Pragmatische Qualität beider Versionen im Vergleich

Da die Stimulation und Originalität im Schnitt die höchsten Werte erreicht, ist die Hedonische Qualität bei beiden Versionen entsprechend hoch. Viele Probanden hatten zum ersten Mal ein HMD benutzt, die Faszination für dieses neuartige Medium ist in jedem Fall gegeben. Beide Versionen motivieren nach Ansicht der Probanden zum Lernen mit dem gestellten Szenario. Ebenfalls würden nahezu alle zu einer zukünftigen Nutzung der VR-Technologie tendieren. So antworteten sieben von acht Probanden auf die entsprechende Frage mit „ja".

Schwächer ausgeprägt hingegen ist bei allen Versionen die Pragmatische Qualität. Da der medizinische Handlungsablauf nicht verändert wurde und die Probanden sich in diesen einfinden mussten, wurde die Verständlichkeit und Zuverlässigkeit durchschnittlich schlecht bewertet. In der Realität läuft jede Reanimation leicht anders ab, es ist daher schwierig, einen Mittelweg vorzugeben. Auch die verschiedenen Rahmenbedingungen, so z.B. der Ort oder die verfügbaren Gegenstände, sorgen für viele verschiedene Möglichkeiten, die Situation korrekt zu bewältigen. In der Simulation ist jeder Schritt genau vorgegeben, besser wäre hier noch mehr freier Handlungsspielraum, um bestmöglich die Realität wiederzuspiegeln. Hinzu kommt die Tatsache, dass die Probanden an unterschiedlichen Arten der Reanimationen ihre Erfahrungen gemacht haben. Damit das Thema Reanimation umfassend mithilfe der Virtuellen Realität gelehrt werden kann, müssten also mehrere verschiedene Szenarien angeboten und durchlaufen werden.

Kapitel 5: Konklusion und Ausblick

5.1 Konklusion

Wie die Ergebnisse veranschaulichen, haben die Optimierungen in jeder Hinsicht einen positiven Effekt zeigen können, auch wenn dieser teilweise marginal ausgefallen ist. Besonders in den Punkten Durchschaubarkeit, Effizienz und Steuerbarkeit sind die Effekte abzulesen. Die optischen Anpassungen und der überarbeitete Ton sorgen für eine leicht erhöhte Attraktivität und Stimulation, die jedoch seitens des Nutzers nur unterschwellig wahrgenommen wird. Dies zeigt sich in der lediglich leicht erhöhten durchschnittlichen Hedonischen Qualität.

Die Pragmatische Qualität ist allerdings stark gewachsen. Hauptgrund hierfür sind die Usability-Anpassungen, die zu einen verständlicheren und effizienteren Ablauf des Trainings führen. Sie scheint einen größeren Einfluss auf die individuelle Lernperformance zu haben als die Hedonische Qualität, da sie eng mit der Interaktion im Training verknüpft ist. Dennoch ist es wichtig, beide Faktoren bei der Entwicklung von qualitativer Lernsoftware zu berücksichtigen.

Die Untersuchungen machen deutlich, das der Handlungsablauf weiter optimiert werden muss, wenn die Software auch für andere Zielgruppen, wie z.B Rettungssanitäter, ausgelegt werden soll. Zwar ist der ursprüngliche Handlungsablauf an die Lehrpläne der Fachhochschule Bielefeld angelehnt und sollen auf eine Reanimation in einem Krankenhaus vorbereiten. Doch es muss hinterfragt werden, ob es ausreicht, lediglich ein Szenario von vielen zu berücksichtigen. Besser wäre das Erlernen der grundlegenden Prinzipien des Reanimierens, mit der Option, sich einen spezifischen Anwendungsfall für die praktischen Übungen innerhalb der Applikation auszusuchen. So könnte das Training einerseits wie in der Simulation in einem Krankenhaus, andererseits in einem Notfallszenario virtuell in der Öffentlichkeit stattfinden. Dies würde ein umfassendes Verständnis der medizinischen Hintergründe fördern.

Einen klaren Vorteil bringt die Virtual-Reality Technik in Bezug auf die Lernmotivation mit sich. Durch ihre Neuheit und ihren Unterhaltungsfaktor werden Lernende zusätzlich motiviert, sich mit der vorgegebenen Materie zu beschäftigen. Der spielerische Aspekt solcher VR-Learningapps lockert das Lernen mit Fachliteratur auf, die praxisnahen, virtuellen Trainingseinheiten bedienen mehrere Sinne des Lernenden und leisten somit einen sinnvollen Beitrag zur verbesserten Vermittlung des Lerninhaltes. Die Probanden äußerten sich überwiegend positiv gegenüber diesem neuartigen Lernkonzept und wären bereit, in Zukunft verstärkt diese Technik zum Lernen zu nutzen.

5.2 Ausblick

Leider ist es im Rahmen dieser Arbeit nicht möglich gewesen, jede Optimierung in das Virtual SkillsLab 2 zu implementieren. Doch es hat sich gezeigt, dass noch viel Potenzial in der Idee steckt, wenn man weitere Wege berücksichtigt um die Lerninhalte zu vermitteln. So wäre es z.B. denkbar, mehrere Personen in ein Trainingsszenario zu involvieren, in dem es gilt, zusammenzuarbeiten um an das jeweilige Ziel zu gelangen. Bezieht man zusätzlich die Augmented-Reality Technik mit ein, ergeben sich weitere Möglichkeiten. So kann ein statischer Raum mit zusätzlichen, virtuellen Objekten versehen werden, die reale Umgebung wird variabel und kann den Umständen entsprechend angepasst werden.

Denkt man über den Anwendungsfall der Reanimation hinaus, kommt man auf die Idee einer Vielzahl von verschiedenen virtuellen Trainingsapplikationen, die die in der Ausbildung gelernten Inhalte ergänzen. Studierende können sich die notwendige Technik in ihrer Ausbildungsstätte ausleihen, um dann privat die Simulationen zu trainieren. Zusätzlich ist man weniger abhängig von den Einschränkungen eines herkömmlichen SkillsLabs.[18] Weiter lassen sich individuelle Lernfortschritte der Nutzer gezielt erheben und optimieren, vorrausgesetzt, die Software ist entsprechend entwickelt.

Aufgrund von wachsender Komplexität der zu vermittelnden Lerninhalte wird es in Zukunft immer wichtiger, diese korrekt und effizient zu vermitteln. Die heutige 3D-Technik kann gezielt dafür eingesetzt werden, Szenarios, die sonst aufwendig nachzustellen sind, zu simulieren um den Nutzer immersiv in die jeweilige Situation einzubinden. Das Spielerische Lernen motiviert, sich mit dem Thema auseinander zu setzen und das Gelernte multisensorisch zu verarbeiten.

Das Lernen und ihre Methoden werden sich in Zukunft in vieler Hinsicht ändern. Es bleibt also spannend, welche Ideen in Zukunft die Vorteile des Lernens in der virtuellen Realität nutzen werden.

18: Gemeint sind die Öffnungszeiten und der benötigte Platz für mehrere Personen.

Glossar

AED: Automatisierter externer Defibrillator, ein medizinisches Gerät um Herzrhythmusstörungen mithilfe von Stromstößen zu behandeln.

Ambubeutel: Nach dem bekanntesten Hersteller benannt, eigentlich Beatmungsbeutel, ein Hilfsmittel zur manuellen Beatmung von Patienten mit Atemstillstand oder nicht ausreichender Atmung. Dazu wird der Beutel gedrückt, um Luft durch ein Ventil in die Lunge des Patienten zu pumpen.

Laparoskopie: auch Bauchspiegelung genannt, bezeichnet eine Methode zur Sichtbarmachung innerer Organe und der Magenhöhle, mithilfe spezieller Endoskopen durch zuvor angelegte Öffnungen in der Bauchdecke.

Reanimation: auch Herz-Lungen-Wiederbelebung, bezeichnet den Vorgang einer Wiederbelebung, dabei wird dafür gesorgt, dass das Gehirn nach einem Atemstillstand weiter mit Sauerstoff versorgt wird. Dies geschieht mithilfe einer Herzdruckmassage bis zum Eintreffen des Rettungsdienstes. Dabei bezeichnet Reanimation den gesamten Ablauf bis zur Rettung des Patienten.

Reanimationswagen: ein Beistellwagen auf Rollen, indem sämtliche Gegenstände, die für eine Reanimation gebraucht werden, enthalten sind. Bei Bedarf wird er an das jeweilige Krankenbett geschoben.

Thoraxkompression: durch rhythmisches Drücken auf den Brustkorb wird ein Notfallblutkreislauf erzeugt, der das Gehirn vorrübergehend mit Sauerstoff versorgen kann, bis weitere Hilfe eingetroffen ist.

Hinweis: Die auf dieser Seite gegebenen Informationen sind von www.wikipedia.org entnommen und sollen lediglich dazu dienen, eine grundlegende Vorstellung der o.g. medizinischen Begriffe zu vermitteln.

Anhang

Flowchart des Ablaufes im Virtual SkillsLab

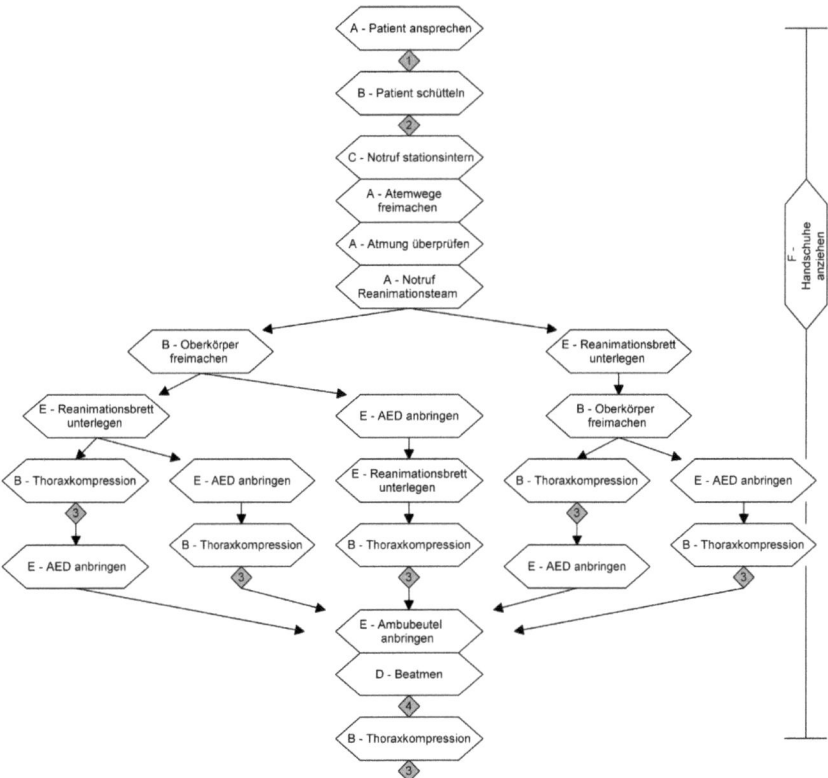

- "Handschuhe anziehen" kann jederzeit erfolgen
- Die zweite Pflegekraft und der Reanimationswagen erscheinen in der Simulation nachdem die Aktion "Notruf Reanimationsteam" erfolgt ist

Zuordnung der Maßnahmen
A - Gesicht des Patienten: Patient ansprechen, Atemwege freimachen, Atmung überpüfen, *Intubieren*
B - Oberkörper des Patienten: Patient schütteln, Oberkörper freimachen, Thoraxkompression, *Patient zudecken*
C - Telefon: Notruf stationsintern, Notruf Reanimationsteam, *Angehörige informieren, Stationsleitung informieren*
D - Zweite Pflegekraft: Beatmen, *Raum verlassen, erneute Bewusstseinkontrolle, Medikamente aufziehen*
E - Notfallwagen: Ambubeutel anbringen, Reanimationsbrett unterlegen, AED anbringen, *auf Vollständigkeit kontrollieren*
F - Handschuhbox: Handschuhe anziehen

- kursiv geschriebene Aktionen sind zusätzliche falsche Auswahlmöglichkeiten

Folgefelder "Patient ansprechen", "Patient" schütteln", "Thoraxkompression" und "Beatmen"
1 - Patient reagiert nicht (Antwort auf Aktion, keine Auswahl notwendig)
2 - Patient reagiert nicht (Antwort auf Aktion, keine Auswahl notwendig)
3 - 30 Kompressionen, 5-6 cm Drucktiefe, 100-120 Kompressionen/Minute ; *20 Kompressionen, 5-6 cm Drucktiefe, 100-120 Kompressionen/Minuten ; 30 Kompressionen, 2-3 cm Drucktiefe, 100 - 120 Kompressionen/Minute ; 20 Kompressionen, 2-3 cm Drucktiefe, 80-100 Kompressionen/Minute*
4 - 2 Atemspenden, 500-600 ml Hubvolumen ; *1 Atemspende, 500 - 600 ml Hubvolumen : 3 Atemspenden, 2000 - 2100 ml Hubvolumen ; 4 Atemspenden, 2000 - 2100ml Hubvolumen*
- Felder **1** und **2** erscheinen nach vorhergegangener Aktion als "Antwort"
- Felder **3** und **4** erscheinen nach vorhergegangener Aktion als weitere Auswahlmöglichkeiten. Kursiv geschriebene Auswahlmöglichkeiten stellen zusätzliche falsche Optionen dar.

Protokolle der Interviews in der ersten geführten Nutzerstudie

Interview Student 1

I: Was hast du für Verbesserungsvorschläge? #00:00:01

S: Ja, also ähm ich könnte mir vorstellen, dass man auch noch die Geräusche, Hintergrundgeräusche, oder die Geräusche der Aktivitäten die man gerade ausführt das man die auch noch hört oder irgendwas tut. Was ich mir auch noch vorstellen könnte, dass man zum Beispiel bei der Thoraxmassage, dass man da auch noch Hände auf die Brust legen würde oder sowas auch irgendwas was auch Bewegung macht. Ich weiß nicht, inwieweit das vielleicht die Handys überlasten würde oder sowas. #00:00:27

I: Ich glaube grundsätzlich ist das möglich, ähm so animierte Hände meinst du, ne? Die die Bewegung auch machen. #00:00:36

S: Genau, dass man sieht dass die da auf die Brust draufdrücken #00:00:38

I: Ok, die Geräusche, Hintergrundgeräusche und die Geräusche der Aktivitäten habe ich aufgeschrieben und animierte Hände zum Beispiel bei der Thoraxkompression. #00:00:53

S: Genau. #00:00:54

I: Sonst noch irgendwas, wo du sagen würdest, das müsste noch deutlich besser sein, damit man das gut nutzen kann? #00:01:06

S: Es ist schon sehr gut gemacht. Also an für sich. Das sind nur Kleinigkeiten. Das Zimmer das sah jetzt schon sehr gut aus aber es fehlen noch so ein paar Sachen, damit es wirklich aussieht wie im Krankenhaus #00:01:20

I:Ja #00:01:22

S: Oder wie zuhause, ambulant sag ich mal oder sowas #00:01:24

I: Also so dieser simulierte Raum an sich könnte noch ein bisschen detailgetreuer sein? #00:01:30

S: Denke schon, ja. Detailgetreuer ist noch so eine Sache. Das sind so Sachen wie Schränke oder so die fehlen aber meine Meinung nach müssen da jetzt nicht irgendwelche Kleinigkeiten irgendwie so kleine Figürchen oder sowas was die Patienten manchmal mitnehmen, die müssen da jetzt nicht sein. #00:01:46

I: Ja, ok #00:01:47

S: Aber, dass man sich trotzdem wie im Krankenhaus fühlt. #00:01:49

I: Das könnte noch ein bisschen realistischer sein? #00:01:52

S: Ja #00:01:53

I: Ok. Wenn du das jetzt gewichten würdest, was wär jetzt für dich so was an oberster Stelle steht? Von diesen Sachen, was ich jetzt aufgeschrieben hab #00:02:09

S: Geräusche #00:02:10

I: Geräusche würdest du sagen #00:02:11

S: Ja, das hat mir deutlich am meisten gefehlt #00:02:12

Interview Student 2

I: Die einzige Frage, die ich an dich habe: Was hast du für Verbesserungsvorschläge? #00:00:05

S: Also hier oben bei dem Punkt Handschuh anziehen als aller erstes, also je nachdem wie das jetzt natürlich dann, ja gemeint ist mit der Reanimation. Wenn ich jetzt einfach nur in das Zimmer reinkomme und sehe dann der Patient liegt da komisch dann werde ich ja erstmal ansprechen und schütteln und vielleicht den Notruf absetzen, bevor ich dann die Handschuh anziehe. Das sind dann so Optionen. Weil ich gehe ja nicht ins Zimmer rein und ziehe mir sofort die Handschuh an. Genau, ähm. Hier mit der Reihenfolge. Also Ansprechen, schütteln, Notruf stationsintern, ähm ich weiß nicht, ich kenne das halt so aus der ersten Hilfe und ich bin halt RE? Ausbilder, erst Atmung überprüfen und dann quasi den, also würde ich jetzt den Notruf absetzen, weil ich halt vorher vielleicht schon handeln kann und mit ner Seitenlage ja, da schon irgendwie was machen kann. Deswegen da eventuell tauschen, beziehungsweise beide Optionen als richtig machen. #00:01:05

I: Also beide Notrufe richtig beziehungsweise, dass man den da oder da absetzen kann #00:01:14

S: Genau #00:01:12

I: Entweder vor Atemwege freimachen oder nach Atmung überprüfen. #00:01:16

S: Genau, dass man das also macht. Ja Kopf überstrecken. Ich weiß nicht, ob das in der Reanimation äh in der Simulation Sinn macht oder nicht aber prinzipiell gehört das mit da rein #00:01:27

I: Ja, das wäre hier mit ähm #00:01:30

S: Ok Atemwege freimachen #00:01:31

I: Aber das ist dann undeutlich formuliert #00:01:33

S: Genau Atemwege freiräumen kenne ich, äh freimachen ist für mich halt Finger rein ausräumen, dann machen auch die Handschuhe Sinn. Genau, mit dem ähm ja, Notruf Reanimationsteam hätte ich jetzt noch überlegt, wir legen ja nen Reanimationsbrett unter. Da müssen wir ja, wenn wir technisch korrekt sind, auch das Bett in die CPR-Stellung machen. Also das Bett gerade, Kissen raus. Genau, ähm, weiß nicht, ob man da auch mit diesen Schalter da unten dran modellieren kann, dass man sagt alles klar Bett gerade. Ich glaub die wenigsten Patienten liegen ohne Kopfkissen flach im Bett im Krankenhaus. Genau, dann ist hier vorne glaub ich soweit alles drinne. Ja, also das passt alles gut. Find ich auch gut. Äh, beim AED anbringen, dass man halt den AED auch animiert, weil da kannst du super den Ton sag ich mal einspielen. Dass du halt Start machst, Analyse, Schock vielleicht bis das Reateam dann wirklich eintrifft. Genau. #00:02:36

I: Also dass man den AED nutzbar macht #00:02:40

S: Genau, dass man den wirklich einfach mal starten kann. Ich meine, der spricht ja dann eh relativ viel von alleine mit Pads aufkleben und sowas. Joa, genau dann Ambubeutel anbringen und beatmen, Thoraxkompression das ist ja soweit alles fertig. Ja, entweder dass man dann wirklich sagt, alles klar dann kommt ein Reateam auch wirklich rein mit Arzt und sowas dabei und dass das dann beendet ist #00:03:03

I: Dass das dann aus dem BLS ins ALS übergeht? #00:03:06

S: Genau. Dass man da vielleicht dann, ja, das genau. Also dann vielleicht noch zum Modeling. Die Arme von dem Patienten würde ich runter machen. Ich weiß jetzt nicht wie brauchbar das ist zum Programmieren. #00:03:23

I: Nee, wir nehmen jeden Verbesserungsvorschlag an #00:03:24

Transkript 4 Evaluationsgespräch Freese 08.06.17

I: Wie beurteilen Sie als erfahrene Pflegekraft die Realitätsnähe der Simulation? #00:00:06

B: Ja, also ein bisschen verbesserungswürdig ist das schon. Der Patient liegt komisch und der Reanimationswagen sieht noch aus wie ein Wickeltisch (lacht). Aber ansonsten ist das schon, finde ich, finde ich es schon sehr ansprechend, ehrlich gesagt. Also, finde ich jetzt so. Für die kurze Zeit ist da ein ansprechendes Produkt schon daraus entstanden, was auch gut ist, finde ich. Und ich finde es gut, dass eigentlich nicht so viele Gegenstände darumstehen, weil das verwirrt ja auch beim Üben. Ich habe mich erst ein bisschen gewundert, dass auf dem Reanimationswagen nichts draufsteht. Und dann habe ich überlegt, aber es steht ja eigentlich auch nichts drauf. Also, bei uns stand auch nichts drauf. Man muss ja aufmachen eigentlich die Schubladen. #00:00:51

I: Und wo sehen Sie die Vorteile dieser Simulation als Lernmedium? #00:00:56

B: Ich finde es zeitgemäß. Es ist ansprechend. (…) Ja, macht auch Spaß. Und ich glaube, Lernen sollte ja auch Spaß machen. Und für Auszubildende, die sind ja sehr schnell also sehr technikaffin, also die haben relativ schnell, hantieren die Handys rum und das ist mal ein sinnvolles Hantieren mit Handys (lacht). Finde ich ganz gut als Abwechslung. Ich würde das jetzt nicht nur machen, aber als Abwechslung finde ich das gut. #00:01:25

I: Und wo sehen Sie die Nachtteile dieser Simulation als Lernmedium? 00:01:30

B: (...) Das weiß ich gar nicht, ob ich da Nachtteile sehe. Ich sehe gar nicht so viele Nachteile, ehrlich gesagt. Also, ich würde es nicht zu oft machen, weil es auch, glaub ich ein bisschen, das Gehirn ein bisschen durcheinander bringt (lacht). Aber ich sehe erstmal keinen Nachteil. Wenn es so einigermaßen realitätsnah ist. Also, mehr als nah kann man sowieso nicht üben. Auch im Skills Lab nicht. #00:02:01

I: Ich denke, wenn man das ergänzend macht zu Skills Lab Übungen, dann ist das tatsächlich eine gute Idee. #00:02:06

B: Als Vorbereitung zum Beispiel. Zum Beispiel wie heute, kann man die (Studierende) sich dann damit vorbereiten lassen, dann hat man relativ schnell die praktischen Übungen auch strukturiert durchgeführt. #00:02:17#

I: Und wie beurteilen Sie als Lehrkraft den Nutzen dieser Simulation in der Berufsausbildung der Gesundheits- und Krankenpflege? #00:02:26

B: Also ich finde, in der Gesundheits- und Krankenpflege, da die ja kein so tolles Skills Lab haben, hat sowas noch mehr Nutzen, finde ich. Damit kann man ja tatsächlich dann so ein paar Ausstattungsdefizite wettmachen. Indem man zum Bespiel so einen Defibrillator hat. Den hat man in der Ausbildung ja oft nicht, weil wir ja schon sehr gut ausgestattet sind. Wir haben die Dinge ja hier. (…) Das finde ich da, für die ist es dann noch sinnvoller. Weil die sich dann in Räume begeben, die halt dann auch, wo sie dann virtuell interagieren oder agieren müssen…ähm…was in den Ausbildungsbetrieben ja oft nicht so schön ist bisher. (…) Wir haben ja hier Luxus (lacht)." #00:03:12

I: „Es ist ja die Idee, da irgendwann vielleicht einen Intensivarbeitsplatz mit abzubilden. Das hatte Thies ja auch vor einem Jahr mal angesprochen. Da könnte man dann ja tatsächlich einiges an Kosten sparen."" #00:03:24

B: „Ja, das könnte man. Wobei ich glaube, manchmal braucht man beides. Ich glaube ganz ersetzen kann man damit auch die realen Sachen nicht, ehrlich gesagt. Man braucht dann beides. Gerade im Intensivbereich, glaube ich, muss man es auch mal in die Hand nehmen. Man muss auch auf einen Monitor mal richtig drücken und so. Also mir fehlt das Haptische bei den Brillen halt auch oft, ne. Wie fühlt sich das denn so an, wenn ich so ein Gerät ausstelle und das ist ja bei jedem Gerät anders und so ganz ersetzen könnte man es damit glaube ich nicht." #00:03:56

I: „Und die letzte Frage. Welche Verbesserungsvorschläge haben Sie jetzt so spontan generell?" #00:04:04

B: „Also ich habe ja jetzt nur mit Anweisungen die Dinge gefunden, wo ich nochmal draufklicken musste. Ich weiß nicht ob es eine Möglichkeit gibt, dass man selber eine Idee entwickelt, dass ich jetzt auf diese Pflegekraft drücken muss, oder mich umdrehen muss nochmal oder vielleicht fehlte mir auch einfach die Einweisung, dass man sich immer mal bewegen oder umgucken muss. Vielleicht kann das noch…dass man keinen braucht, der immer daneben steht und sagt „Jetzt machen Sie mal das, jetzt machen Sie mal das…" und so ne." #00:04:35

I: „Vielleicht noch eine kleine Einführung oder so eine Art Tutorial, das vorgeschaltet wird vor dem eigentlichen Programm." #00:04:41

B: „So eine Erklärung…wenn es da nicht weitergeht, dann vielleicht nochmal auf den Patienten drücken oder nochmal Pflegekraft anwählen oder was auch immer. Und dann immer auf die Wand gucken. Sonst…ja klar, man stellt sich das optisch immer nochmal ein bisschen schöner vor, aber ich finde das schon ganz gut, ehrlich gesagt. Die Arme würde ich runtermachen vom Patient. Das ist ein bisschen komisch, wenn er so liegt. Aber das ist ganz nett, dass er dann auf einmal entkleidet ist und so. Fand ich eigentlich ganz schön. Dass das Ding dann auf einmal da dran ist, also der Defi und der Ambubeutel schwebt da so ein bisschen in der Luft (lacht). Da hätte ich gerne draufgedrückt." #00:05:32

I: „Das wär's dann auch schon. Vielen Dank." #00:05:34

B: „Ja, Ihnen auch vielen Dank." #00:05:35

S: Ok, genau. Dann ähm die Schwester vielleicht Richtung Bett gucken lassen, denn die guckt jetzt immer so mit dem Kopf an die Wand. Ja. #00:03:41

Dann das ähm mit dem Reawagen. Der steht ja quasi leer, dass man, ich sag mal irgendwie son, ja AED, oder also AED und Ambubeutel vielleicht obendrauf stellt einfach. Das man sagt, die liegen hier und dann kann ich das direkt anklicken #00:04:05

I: Ja #00:04:06

S: Und dann nicht erst Reawagen, Kopf drehen, gucken, ok welche Auswahlmöglichkeiten hab ich #00:04:09

I: Also das die Auswahlmöglichkeiten beim Reawagen nicht an der Wand, sondern am Reawagen angebracht sind #00:04:18

S: Genau, oder ___ Display, dass wenn ich irgendwas anklicke das direkt da drüber ist #00:04:24

I: Generell oder nur beim Reawagen? #00:04:27

S: Also ich fänd, ich finde das an der Wand nicht schlecht, weil man da immer weiß, wo man gucken muss aber es ist dann natürlich immer dieses hin und herdrehen. Und dann finde ich es halt besser, wie man es auch so ein paar spielen kennt, anklicken und dann hat man direkt alle Optionen. #00:04:38

I: Ja #00:04:40

S: Genau und Geräusche. Das wäre ja gut, wirklich gut. Und wenn wir die Handschuhe anziehen, dann kann man sie auch nachher ausziehen. Handdesinfektion habe ich jetzt auch mit nem Fragezeichen drangeschrieben, aber #00:05:01

I: Das ist halt leider in der Literatur nirgendwo wirklich. Es wird halt nur geschrieben Eigenschutz ist wichtig aber es wird nie gesagt du musst jetzt deine Hände desinfizieren deshalb ist es immer in so einem Algorithmus schwer einzubauen. #00:05:12

S: Ja, in den ERC Richtlinien ist es auch nicht drinne #00:05:14

I: Deswegen und daran haben wir uns orientiert #00:05:16

Verwendeter Fragebogen für die zweite Nutzerstudie

Bitte geben Sie Ihre Beurteilung ab.

Um das Produkt zu bewerten, füllen Sie bitte den nachfolgenden Fragebogen aus. Er besteht aus Gegensatzpaaren von Eigenschaften, die das Produkt haben kann. Abstufungen zwischen den Gegensätzen sind durch Kreise dargestellt. Durch Ankreuzen eines dieser Kreise können Sie Ihre Zustimmung zu einem Begriff äußern.

Beispiel:

attraktiv	O	⊗	O	O	O	O	O	unattraktiv

Mit dieser Beurteilung sagen Sie aus, dass Sie das Produkt eher attraktiv als unattraktiv einschätzen.

Entscheiden Sie möglichst spontan. Es ist wichtig, dass Sie nicht lange über die Begriffe nachdenken, damit Ihre unmittelbare Einschätzung zum Tragen kommt.

Bitte kreuzen Sie immer eine Antwort an, auch wenn Sie bei der Einschätzung zu einem Begriffspaar unsicher sind oder finden, dass es nicht so gut zum Produkt passt.

Es gibt keine „richtige" oder „falsche" Antwort. Ihre persönliche Meinung zählt!

	1	2	3	4	5	6	7		
unerfreulich	○	○	○	○	○	○	○	erfreulich	1
unverständlich	○	○	○	○	○	○	○	verständlich	2
kreativ	○	○	○	○	○	○	○	phantasielos	3
leicht zu lernen	○	○	○	○	○	○	○	schwer zu lernen	4
wertvoll	○	○	○	○	○	○	○	minderwertig	5
langweilig	○	○	○	○	○	○	○	spannend	6
uninteressant	○	○	○	○	○	○	○	interessant	7
unberechenbar	○	○	○	○	○	○	○	voraussagbar	8
schnell	○	○	○	○	○	○	○	langsam	9
originell	○	○	○	○	○	○	○	konventionell	10
behindernd	○	○	○	○	○	○	○	unterstützend	11
gut	○	○	○	○	○	○	○	schlecht	12
kompliziert	○	○	○	○	○	○	○	einfach	13
abstoßend	○	○	○	○	○	○	○	anziehend	14
herkömmlich	○	○	○	○	○	○	○	neuartig	15
unangenehm	○	○	○	○	○	○	○	angenehm	16
sicher	○	○	○	○	○	○	○	unsicher	17
aktivierend	○	○	○	○	○	○	○	einschläfernd	18
erwartungskonform	○	○	○	○	○	○	○	nicht erwartungskonform	19
ineffizient	○	○	○	○	○	○	○	effizient	20
übersichtlich	○	○	○	○	○	○	○	verwirrend	21
unpragmatisch	○	○	○	○	○	○	○	pragmatisch	22
aufgeräumt	○	○	○	○	○	○	○	überladen	23
attraktiv	○	○	○	○	○	○	○	unattraktiv	24
sympathisch	○	○	○	○	○	○	○	unsympathisch	25
konservativ	○	○	○	○	○	○	○	innovativ	26

- Spiegelt die Simulation die Realität gut wieder?   ja ○ ○ ○ ○ ○ nein
- Ich kann mir vorstellen, das mir das Üben mit dieser Simulation Sicherheit für Reanimationsübungen in der Praxis geben kann: ja ○ ○ ○ ○ ○ nein
- Das erfolgreiche Durchführen der Simulation ist ohne fremde Hilfe möglich   ja ○ ○ ○ ○ ○ nein
- Die Simulation motiviert zum Lernen eines Reanimationsvorganges   ja ○ ○ ○ ○ ○ nein
- Ich kann mir vorstellen in Zukunft weitere VR-Apps zum lernen zu nutzen   ja ○ ○ ○ ○ ○ nein

Detaillierte Ergebnisse der 2. Nutzerstudie

| Scale | SkillsLab Version 1 | | | | | |
	Mean	STD	N	Confidence	Confidence Interval	
Attraktivität	1,73	0,98	8	0,68	1,05	2,41
Durchschaubarkeit	0,56	1,44	8	1,00	-0,44	1,56
Effizienz	1,16	0,76	8	0,52	0,63	1,68
Steuerbarkeit	0,97	1,08	8	0,75	0,22	1,72
Stimulation	2,00	0,96	8	0,67	1,33	2,67
Originalität	1,78	1,03	8	0,71	1,07	2,50

| SkillsLab Version 2 | | | | | |
Mean	STD	N	Confidence	Confidence Interval	
1,94	0,69	8	0,48	1,46	2,42
1,25	1,35	8	0,94	0,31	2,19
1,56	0,85	8	0,59	0,97	2,15
1,47	0,63	8	0,44	1,03	1,91
2,28	0,31	8	0,22	2,07	2,50
1,94	1,19	8	0,82	1,12	2,76

Version 1

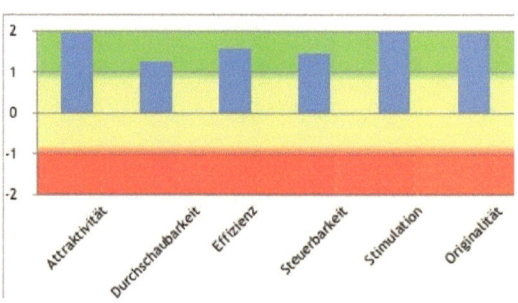

QR-Code zur Preview Version 1

Version 2

QR-Code zur Preview Version 2

Literaturverzeichnis

Bücher

Bowman, Doug A.; McMahan, Ryan P.: Virtual Reality: How Much Immersion is enough? Computer, Band 40, S. 35-43, 2007

Brown, Emiliy; Cairns, Paul: A Grounded Investigation of Game Immersion, Extended Abstracts on Human Factors in Computing Systems, S. 1297-1300, 2004

Gutierrez, Fatima et al. : The Effect of Degree of Immersion upon Learning Performance in Virtual Reality Simulations for Medical Education, Medicine Meets Virtual Reality 15, S. 155-160, 2007

Mania, Katerina; Chalmers, Alan: The Effects of Levels of Immersion on Memory and Presence in Virtual Environments: A Reality Centered Approach, Cyberpsychology & Behavior, Band 4, S. 393, 2004

Mantovani, Fabrizia: VR Learning: Potential and Challenges for the Use of 3D Environments in Education and Training, Towards Cyberpsychology: Mind, Cognition, and Society in the Internet Age, S. 207-223, 1998

Shams, Ladan; R. Seitz, Aaron: Benefits of Multisensory Learning, Trends in Cognitive Sciences, Band 12, S. 411-417, 2008

Taffinder, N. et al. : Validation of Virtual Reality To Teach and Assess Psychomotor Skills in Laparoscopic Surgery, Medicine Meets Virtual Reality: Art, Science, Technology: Healthcare (R)evolution, S. 124-130, 1998

Websiten

CAE Healthcare: Immersive, Risk-Free Laparoscopic Training Environment, URL: https://caehealthcare.com/surgical-simulation/lapvr (Stand 20.9.2017, 23:34)

Interaction-Design.org: The Glossary of Human Computer Interaction 37. Fitts's Law URL: https://www.interaction-design.org/literature/book/the-glossary-of-human-computer-interaction/fitts-s-law (Stand 23.9.2017)

Statista[1]: Anzahl der mobilen Virtual Reality Nutzer weltweit von 2015 bis 2020 (in Millionen), URL: https://www.statista.com/statistics/650834/mobile-vr-users-worldwide/ (Stand 14.9.2017)

Statista [2]: Prognose der Anzahl der verkauften Virtual-Reality-Head-Mounted-Displays 2016-2020, URL: https://www.statista.com/statistics/697159/head-mounted-display-unit-sales-worldwide/ (Stand 24.9.2017)

Techtimes: URL: http://www.techtimes.com/articles/202237/20170318/samsung-gear-vr-shows-tornadoes-up-close-in-360-degree-view-with-new-accuweather-virtual-reality-app.htm (Stand 20.9.2017, 21:47)

UEQ: User Experience Questionaire, URL: http://www.ueq-online.org/ (Stand 19.9.2017)

Unreal Engine 4 Dokumentation: https://docs.unrealengine.com/latest/INT/ (Stand 23.9.2017)